A Lift for Today

Leben im Aufwärtsgang

Steven Jones

Herstellung und Verlag:
BoD – Books on Demand, Norderstedt
ISBN: 9783757847104

Inhalt

Vorwort 5

1 Heiliger Geist? Was soll das denn?...7

2 Wie überlebe ich eine Krise?..........18

3 Möglichkeiten des Glaubens..........29

4 Mit dem Anfang beginnen.............39

5 Glücksoptimierung 51

6 Der Himmel „cross"...................61

7 Literaturverzeichnis...................68

VORWORT

„A Lift for Today", d. h. wortwörtlich übersetzt: „Ein Fahrstuhl für heute!" Naja, das ist ja so nicht gemeint, sondern eher im Sinne einer „Ermutigung", etwas, was einen wieder drauf bringt, etwas, was einen nach oben zieht. Aber dieses Wort „Lift" hatte mir einfach gefallen.

In meiner früheren Wohnung in Zürich hatte ich einen Fahrstuhl, einen Lift, der im obersten Stockwerk genau nur in meiner Wohnung hielt. Jeden Tag habe ich diesen Lift genommen. Ich hatte sozusagen meinen Privatfahrstuhl.

Heute brauchen wir alle mal einen Lift, weil es nicht so einfach geht, wieder ins rechte Fahrwasser zu kommen, wieder oben auf zu sein. Ich hoffe, dass meine Aufsätze das erreichen können. Und wenn es einmal nicht geht, dann greifen Sie doch einfach zur Bibel. Auch wenn sie manchmal schwer zu verstehen ist, sie war für mich immer ein Art „Lift" für mein Leben.

Meine Gedanken zu diesen Aufsätzen habe ich alle aus der Heiligen Schrift. Die Bibelstellen dazu habe ich einmal nicht dazu ausgedruckt. Ich überlasse es Ihnen, die Geschichten wieder nachzulesen. Es wäre bestimmt auch wieder so eine Art „Lift", vielleicht ein so viel besserer.

Blessings

Steven Jones

Switzerland, 2024

1 Heiliger Geist? Was soll das denn?

Heiliger Geist? Was soll das denn? Ich erinnere mich noch recht gut an meine erste Reaktion, als ich von diesem Thema in der Kirche hörte. Haben Sie sich diese Frage schon einmal gestellt, was das soll mit dem Heiligen Geist? Wir kennen das ja: „Vater, Sohn und Heiliger Geist". Aber einmal ernsthaft, was denken Sie?

Inzwischen gibt es viele Kirchen, die das Thema des Heiligen Geistes für sich entdeckt haben. Oder wird gerade der Geist Gottes selbst neu entdeckt?

Als ich noch als Religionslehrer tätig war, kam manchmal eine Kollegin zu mir, gerade zu Pfingsten, und sagte: „Ich kann eigentlich mit diesem Fest gar nichts anfangen. Weihnachten, Ostern, das geht ja noch. Aber Pfingsten? Was soll ich denn da unterrichten?"

In der Kirche, in der ich aufgewachsen bin, wurde so gut wie nie über das Thema „Heiliger Geist" gepredigt oder gesprochen. Kein Wunder, dass auch die Religionslehrerin keine Worte dafür fand. Auch ich kam auf das Thema des Heiligen Geistes nicht von allein. In den Jahren 1985 bis 87 war ich in den USA und diente dort als ökumenischer Mitarbeiter in der UMC (United Methodist Church). Hier wurde ganz offen und ungeniert über das Thema des Heiligen Geistes gesprochen. Aber nicht nur das. Auch die Geschichte von John Wesley, von seiner Bekehrung, seiner ungewöhnlichen Art vor Fabriktoren und im Freien zu predigen, sein Versuch, die Indianer zu bekehren, was vollkommen fehlschlug, und dann auch schließlich seine eigene Bekehrung - das alles kam in den Predigten hier und dort immer wieder einmal vor und diese Art, die eigene Tradition zu pflegen, gefiel mir irgendwie. Doch der rote Faden war immer eigentlich der Heilige Geist.

Nach zwei Jahren USA-Aufenthalt wußte ich dann schließlich fast mehr über Wesley als über Luther. Als ich dann anfing, selber über den Heiligen Geist nachzudenken, blieb ich erst einmal an dem Wort „Geist" hängen. Im Deutschen sprechen wir von Männern oder Frauen, die Geist haben, die als große Denker, Philisophen, Politiker oder Künstler betrachtet werden. Beethoven hatte Geist! Schiller, Goethe, vielleicht waren auch Willy Brandt und Richard v. Weizsäcker Männer, von denen man sagen würde, sie hatten Geist. Aber der Heilige Geist konnte das eigentlich nicht sein, dachte ich, denn in der Bibel waren die Jünger alle sehr einfache Menschen: Fischer, Zöllner, Handwerker. Die meisten von ihnen waren nicht besonders gebildet, aber sie waren doch erfüllt vom Heiligen Geist. Bis auf Paulus waren die meisten eher einfach gestrickt. Zudem hatte Deutschland zweimal einen Weltkrieg angezettelt. Die grossen „Geister" der Nation, ihre Werke, ihre Gedanken, hatten den Krieg nicht aufhalten können. Der Geist der Wissenschaft und Philosophie, der Kunst, der Literatur und Musik konnte also nach meinem Empfinden nicht identisch sein mit dem Heiligen Geist, auch wenn ich nie ganz das Gefühl los wurde, dass dieser mit jenem in irgendeiner Verbindung stand.

Ich machte mich weiter auf die Suche nach dem „Geist".

Einige persönliche Erfahrungen führten mich etwas weiter an das Thema heran. Da war einmal ein Gottesdienst in einer Kirche in Berlin-Zehlendorf, oder war es im Grunewald? Ich erinnere mich nicht mehr genau. Ich weiss aber noch, wie ich mich als Konfirmand immer wieder gefragt hatte, was denn eigentlich ein Segen sei. Was bedeutete denn diese merkwürdige Handbewegung des Pfarrers am Schluss des Gottesdienstes? An diesem besonderen Sonntag aber hielt ein Pfarrer die Predigt, der gerade aus Nicaragua zurückgekommen war. Er erzählte von diesem Land und wie er Opositionelle im Gefängnis besucht hatte. Sein Leben war überschattet von mehrfachen Morddrohungen, trotzdem suchte er diese Menschen in der Gefangenschaft auf. Am Schluß dieses Gottesdienstes sprach er den Segen. Und zum ersten Mal hatte ich den Segen nicht nur als Handbewegung „gesehen", sondern auch gespürt. Fortan war für mich klar, was ein Segen ist: eine Berührung von Gott durch seinen Geist! Ich fühlte mich wirklich gesegnet, vom Geist Gottes berührt. Zum ersten Mal wurde mir auch klar, dass es den Heiligen Geist wirklich geben muss und dass er irgendwie mit einer Art von Offenbarung Gottes in seinem Handeln zusammenhängt.

In der United Methodist Church (USA) hörte ich viel über den Heiligen Geist und ich bin heute noch dankbar für diese ganz anderen Predigten. Ich habe aber über den Heiligen Geist nicht nur in Predigten erzählt bekommen, sondern ihn dort auch immer wieder erfahren dürfen und schließlich auch so etwas wie eine Bekehrung, eine Wiedergeburt aus dem

Heiligen Geist erlebt. Vielleicht war meine Erfahrung durchaus vergleichbar mit der von John Wesley. Christ war ich ja auch schon vorher durch die Taufe, aber diese Lehre und die Erfahrung des Heiligen Geistes haben mich noch einmal ganz anders an das Thema des Glaubens herangeführt und in die Verbundenheit mit Christus gebracht.

Das Thema des Heiligen Geistes ist das grosse Thema des 20. und jetzt auch des 21. Jahrhunderts. Fast alle grossen etablierten westlichen Kirchen haben ja einen Rückgang an Mitgliederzahlen zu verzeichnen, aber die Pfingstkirchen, die Kirchen des Heiligen Geistes, wachsen. Die methodistischen Kirchen wachsen auch insgesamt, weil sie eine Weltkirche sind, und weil auch von den Gemeinden in den Entwicklungs- und Schwellenländern viele charismatisch, d. h. pfingstlerisch geprägt sind. Kein Wunder: Das Thema des Heiligen Geistes war *die* Entdeckung John Wesleys. Der Glaube bestand seiner Meinung nach nicht in Dogmen oder in Ritualen, noch nicht einmal in Sätzen der Moral oder der Disziplin, sondern im Grunde in einer lebendigen Beziehung zu Gott in Christus durch den Heiligen Geist.

Aber ich will ihnen heute nicht weiter von John Wesley erzählen, sondern einmal von Martin Luther und was er über den Heiligen Geist sagt. Viele der Landeskirchen und viele Christen üben große Kritik an der sogenannten charismatischen Bewegung und an den Pfingstkirchen. Aber eigentlich haben diese ein Thema entdeckt und auch eine spirituelle Wirklichkeit, die in der Vergangenheit oft vernachlässigt wurden. Ein Theologe aus Korea behauptete einmal, dass das Christentum in den ersten Jahrhunderten, bis es Staatsreligion wurde, viel charismatischer war als unsere Kirchen heute. Dann gab es wieder eine neue Belebung des Geistes durch die Reformation, später durch John und Charles Wesley, die Methodisten, durch George Whitefield (reformiert) und auch den reformierten Prediger Jonathan Edward. Schließlich sprechen wir heute von der charismatischen Bewegung. Während die Landeskirchen weiter schrumpfen, wachsen die Gemeinden der Pfingstbewegung weltweit.

Karl Barth, der berühmte Schweizer Theologe, wurde wegen seines theologischen Schaffens nicht nur bewundert, sondern auch oft kritisiert. Man warf ihm vor, zu christuszentriert zu sein, „Christusmonismus" zu betreiben. Alles sei bei ihm auf Jesus Christus ausgerichtet. Nun, man möchte meinen, dass das bei Christen nun einmal so ist. Barth hingegen sprach am Ende seines Lebens davon, dass er sein Lebenswerk, die grosse „Kirchliche Dogmatik", gern noch einmal neu schreiben würde. Diesmal aber nicht mit „Christus" im Dreh- und Angelpunkt, sondern mit dem Heiligen Geist im Fokus. Barth sah eine Renaissance hinter der Vergessenheit über das Thema des Heiligen

Geistes voraus und jetzt haben wir sie. War er etwa auch vom Heiligen Geist geleitet?

Manche Menschen haben direkt Angst vor einer spirituellen Berührung. Wenn sie den Heiligen Geist spüren würden bei einem Segen, würden sie vielleicht denken, dass es sich hier um eine religiöse Verirrung handelt, um Hokuspokus. Tatsächlich ist die Erfahrung des Heiligen Geistes für mich nicht nur ein angenehmes Gefühl - das ist sie auch - sondern immer auch ein durch Heiligkeit und Ehrfurcht gekennzeichnetes Ereignis. Man kann das in dem Werk von Rudolf Otto, „Das Heilige"[1] nachlesen, aber auch in der Bibel oder bei John Bunyan in seinem Buch „Gottesfurcht".[2] Zur Gottesoffenbarung gehört immer auch ein Staunen, manchmal ein Zittern und daraufhin ein göttliches: „Fürchte dich nicht!" Aber eine Aura der Ehrfurcht habe ich fast immer erlebt.

---

[1] Rudolf Otto: Das Heilige, München, 2. Aufl., 1991.

[2] John Bunyan: Gottesfurcht, Leun, 2. Aufl., 2021.

Deshalb kann ich nur schlecht etwas mit dem „nur lieben Gott" anfangen und lese auch immer wieder gerne das Alte Testament.

Für Martin Luther war die Lehre vom Heiligen Geist sehr zentral. Man möchte es nicht meinen, aber im kleinen Katechismus lehrte er:

„Ich glaube, dass ich nicht aus eigener Vernunft noch Kraft an Jesus Christum, meinen Herrn, glauben oder zu ihm kommen kann; sondern **der Heilige Geist** hat mich durch das Evangelium berufen, mit seinen Gaben erleuchtet, im rechten Glauben geheiligt und erhalten; gleichwie er die ganze Christenheit auf Erden beruft, sammelt, erleuchtet, heiliget und bei Jesu Christo erhält im rechten, einigen Glauben; in welcher Christenheit er mir und allen Gläubigen täglich alle Sünden reichlich vergibt und am jüngsten Tage mich und alle Toten auferwecken wird und mir samt allen Gläubigen in Christo ein ewiges Leben geben wird. Das ist gewisslich wahr."[3]

---

[3] Martin Luther: Kleiner Katechismus, Hamburg, 16. Aufl. 1982, 24.

Ohne den Heiligen Geist gibt es also auch für Luther keinen Glauben. Das „sola gratia", „allein der Glaube" muss eigentlich auch ein „sola Spiritus sanctus", „allein der Heilige Geist" sein, denn ohne den Heiligen Geist geht eigentlich gar nichts. Der Heilige Geist öffnet dem Menschen erst den rechten Sinn für die Heilige Schrift. Er führt zu Christus, er erleuchtet den Menschen. Er schenkt Trost und Kraft. Er verbindet den Einzelnen mit Christus und erinnert ihn daran, was Christus gelehrt hat. Er reinigt den Menschen von einem bösen Gewissen, er macht ihn frei, indem er ihm die Gnade und den Glauben schenkt. Durch ihn erkennen wir, dass wir Kinder Gottes sind. Durch ihn bewahrt uns Christus im Glauben. Er schenkt den Müden Kraft und gibt einen Frieden, der nicht aufhört. Menschen, die sich vom Heiligen Geist geleitet wissen, sind wohl auch einmal betrübt oder niedergedrückt, aber wir wissen in allen Lebenslagen, dass wir bei Gott geborgen sind, sogar im Sterben, sogar im Tod durch den Herrn Jesus Christus.

2 Wie überlebe ich eine Krise?

Ich frage mich manchmal, wie lange Menschen etwas ertragen können? Schon wieder eine Krise, eine nach der anderen. Erst die Corona-Krise, dann der Krieg in der Ukraine, die Inflation….was kommt wohl als nächstes?

Dann vielleicht noch eine Taiwan-Krise? Oder geht uns das alles nichts an? Müssen wir es einfach nur verdrängen? Die Krise scheint ein Moment des Dauerzustandes zu sein oder zu werden. Und jenen, die uns sagen, es wäre bald vorbei, wird entgegen gehalten: die nächste Krise kommt bestimmt.

Wir sind nicht das am schlimmsten betroffene Land auf der Erde in Bezug auf die Krisen in dieser Welt, aber gut dran sind wir irgendwie auch nicht gerade. Wir hören von den Zuständen in Nordkorea, auf den Philippinen und in anderen Ländern Europas, die noch schlimmer dran sind und wir versuchen uns dann zu trösten.

Durch die Corona-Krise bin ich eigentlich gut durchgekommen. In der Anfangszeit des Auftreten des Virus war ich bei einem Dinner gewesen. Einige Freunde aus dieser Abendgesellschaft waren später auf Covid 19 positiv getestet worden. Also habe ich mich vorsichtshalber auch testen lassen. Der Test war negativ. Ich war also nicht infiziert. Auch die Person, die sich angesteckt hatte - wahrscheinlich auf einer Flugreise, denn sie war später nach dem Dinner von Zürich nach Brüssel geflogen - hatte keinerlei Sypmtome verspürt. Trotzdem war das natürlich alles andere als angenehm.

Es gibt so viel Angst. Es gibt so viel Unsicherheit. Ich sage nicht, dass die Krisen nicht existieren oder das wir nicht in einer gefährlichen Zeit leben, dass wir das alles verdrängen sollten. Nein, ich denke, wir leben in einer unsicheren Zeit. Aber wenn wir uns in eine Panik steigern, dann wird die Sache nur noch schlimmer. Die Angst oder Panik kann dann verheerender werden als der eigentliche Grund der Krise selbst. Ich sage nicht, dass das nicht ein wirkliches Problem ist. Aber wir sollten nicht in Panik geraten.

Es gibt eine Geschichte über einen Mann, der in einem Tiefkühlcontainer gearbeitet hatte. Diese Geschichte ist nicht neu und wahrscheinlich hast Du schon einmal Ähnliches gehört. Aber es lohnt sich immer wieder, über sie nachzudenken. Es ist eine wirkliche Begebenheit, eine wahre Geschichte, die sich zugetragen hat.

Dieser Mann hatte in diesem Container als Mechaniker gearbeitet. Einmal als er mit der Arbeit fertig war, wollte er den Container wieder verlassen. Aber die Tür war verschlossen. Er konnte nicht mehr raus. Ich weiss nicht, ob sie schon einmal in einem Tiefkühlcontainer waren. Ich habe einmal als Student als Lagerarbeiter für ein grosses

Kaufhaus gearbeitet. Ich mußte dort auch in einen solchen Tiefkühlcontainer reingehen und Ware ablegen. Sie müssen sich das wie einen riesengroßer Kühlschrank vorstellen, in den man aber aufrecht hineingehen konnte. Man mußte sich immer eine Kühljacke anziehen bevor man Butter, Käse, Milch oder andere Produkte dort versorgte.

Dieser Mann hatte also in diesem Container gearbeitet und konnte dann nicht wieder heraus. Er war eingeschlossen. Der Mann geriet in Panik. Er dachte: „Oh, nein, jetzt erfriere ich in diesem Container." Er schlug mit ganzer Kraft an die Innenwände und brüllte: „Holt mich hier raus! Holt mich raus! Hilfe! Hilfe!" Aber niemand antwortete ihm. Schliesslich begann er auf dem Boden etwas zu schreiben.

Er schrieb mit grossen Buchstaben auf die Erde: „Ich erfriere jetzt. Ich sterbe an Unterkühlung." Am nächsten Morgen öffneten einige Männer den Container und sahen einen

Mann, der tot am Boden lag. Der Mann glaubte, sterben zu müssen. Und die Männer, die in den Container kamen, sahen die Notiz auf dem Boden: „Ich erfriere jetzt. Ich sterbe an Unterkühlung."

Aber die Männer waren sehr erstaunt, denn die Kühlanlage des Containers war ausgefallen. Sie war in der Nacht gar nicht eingeschaltet gewesen. Sie konnten die Temperatur im Container ablesen. Es waren genau 13 Grad plus! Aber bei 13 Grad friert man nicht zu Tode. Man bekommt vielleicht eine Erkältung, aber man stirbt daran nicht. Als die Ärzte den Körper des Mannes untersuchten, zeigten die inneren Organe dieses Mannes tatsächlich Zeichen einer gefährlichen Unterkühlung. Wie ist das aber möglich? Biologisch gesehen geht das gar nicht. Aber das ist die Macht der Vorstellung. Wenn man sich also der Panik, der Angst hingibt, dann ist diese Panik tödlicher als die Krise selbst.

Nein, die Krise existiert wirklich und die Gefahr ist echt vorhanden. Aber die Angst vor der Krise und dem schrecklichen Szenario, was man sich ausdenkt, würde alles nur noch schlimmer machen. Wir sollten wachsam bleiben und alles tun, was es braucht, um sich zu schützen. Aber eine Panik würde uns noch mehr verletzen als alles andere.

Was ist aber die grösste Kraft gegen die Krise? Es ist unser Immunsystem. Panik und Stress aber schwächen Dein Immunsystem. Was ist aber die Lösung gegen Panik, Stress und Angst? Es ist das Gebet und der Glaube. Wir haben die Lösung quasi in den eigenen Händen. Wir machen uns viele Sorgen um die Wirtschaft, um Krisenszenarien in Europa, um das Einreisen von Ausländern, um die Wirtschaft in China und in den USA. Können wir das alles in den Griff bekomme? Was ist dein Radius an Problemen, die du im Blick haben kannst? Kannst Du die Wirtschaft in China verändern? Hast du Einfluß auf die

Inflation in der Schweiz, in Deutschland, in der Welt? Können wir die Wirtschaft unseres Landes beeinflussen?

Was haben wir wirklich im Griff? Kannst du das alles kontrollieren? Was kannst Du aber kontrollieren?

Machen wir einmal eine Liste. Du kannst nur zwei Dinge kontrollieren: Deine Gedanken und Dein Handeln. Bevor wir also unsere Anliegen ins Gebet bringen, möchte ich dass wir an zwei Dinge denken: Eure Gedanken und eure Handlungen. Wenn wir versuchen, die ganze Welt und alle ihre Probleme zu kontrollieren und alle Fragen zu lösen, werden wir im Streß versinken, wir werden in dieser Masse an Problemen untergehen. Die Panik und die Angst werden nur noch größer und wir werden uns innerlich vor dieser Panik verkrampfen und selber stressen.

Du wirst mit diesen Gedanken und mit dem Stress, den Du dir selber machst Dein

Immunsystem schwächen. Wenn Du Dich noch mehr da hineinsteigerst, wirst Du nicht mehr schlafen können und tagsüber nicht richtig fit sein. Du solltest also nicht auf den Kreis all Deiner Probleme fokussiert sein, sondern nur auf den Bereich, den Du selber kontrollieren kannst.

Noch einmal: zwei Dinge kannst Du kontrollieren: was Du tun kannst und was Du denkst. Du kannst Dich darauf konzentrieren, was wirklich um Dich herum ist und das „Habenkonto" anschauen, das, was Du positiv heute um Dich herum hast: Deine Freunde, Deine Familie, Dein Haus oder die Wohnung, dass Du heute ein Dach über dem Kopf hast. Dass Du zu Essen hast und dass Du dich bewegen kannst. Beginne darüber nachzudenken, was Du alles für Gaben und Segnungen heute hast. Denke an die Segnungen, die Dir Gott heute schenkt. Das wird dich beruhigen.

Der zweite Teil besteht darin, Dich auf deine Handlungen zu konzentrieren, auf das, was Du tatsächlich tun kannst. Du kannst dich um deine Mitmenschen kümmern, ihnen zuhören und dich ihnen widmen. Du kannst einfach einmal Wege finden, wie du deine Sympathie gegenüber Menschen ausdrücken kannst, die Du gern hast. Wenn wir uns immer nur auf die Krisenherde dieser Welt konzentrieren, sind wir wie eingefroren.

Aber deine Mitmenschen brauchen Dich, auch Deine Freunde, vielleicht Enkelkinder, vielleicht Kinder und Angehörige. Das Leben geht weiter und der Virus oder die Inflation ist nicht das einzige Problem. Auch Deine Freunde werden dich brauchen, dass Du ihnen zuhörst. Wenn Du in Panik geräts oder Dich nur mit deiner eigenen Angst beschäftigst, dann dreht sich Dein ganzes Leben nur um Dich selbst. Man kann einfach zum Telefonhörer greifen und jemanden anrufen. Bewege deine Augen von Dir selbst weg zu anderen hin. Dieser

Perspektivwechsel ist der erste Schritt zur Lösung. Dann konzentriere Dich auf Gott. Danke Gott für all das, was Du hast und was Du tun kannst. Dass Du Dich bewegen kannst, dass Du versorgt bist. Dann schau Dir die Menschen um Dich herum an und frage Dich, wie Du ihnen helfen kannst.

Als Hiob zu Gott spricht und über sein Leben nachdenkt, fängt er an zu zweifeln, dass die Schwierigkeiten, mit denen er es jetzt zu tun hat, schon das Letzte sind. Er besinnt sich darauf, wie Gott ihn bisher bewahrt hat. In seine Klage mischt sich langsam das Bewußtsein, dass Gott ihn ja geschaffen hat und dass das eine gute Sache war. Also wird ihn Gott auch nie ganz verlassen oder vergessen. Er ist ja sein gutes Schöpfungswerk. So gesehen kann die Krise und die Not nicht das Letzte sein, was ihm zukommt. Das ist der erste Schritt aus der Krise, der Glaube, dass auch sie ein Ende haben wird und Gott die

Hilfe bald bringen wird, wie auch in vergangenen Tagen.

3 Möglichkeiten des Glaubens

Bist Du schon einmal in einer aussichtslosen Situation gewesen? Wo alles drunter und drüber ging? Und nichts aber so lief, wie du es wolltest?

Es gibt eine Geschichte von Paulus, dem es einmal so ergangen ist. Er hatte hier mit zwei Mächten zu kämpfen: Dem aufgebrachten frommen Volk im Tempel zu Jerusalem und der römischen Soldateska. Es gab einen Aufruhr. Keine einfache Situation. Eigentlich hatten ihn die Römer gerettet und da rausgezogen, aber dann wollten sie ihn verhören und foltern. Es klingt vielleicht ein wenig krass, aber so war das in der Antike. Das war eigentlich üblich und ein im Sinne der Gerichtsbarkeit „normales" Verfahren. Die Folter sollte dazu dienen, dass der Angeschuldigte auch wirklich die Wahrheit sagt. Es war wichtig herauszufinden, mit wem er unter einer Decke steckte und ob er zu einem Kreis Aufständiger gehörte, vor denen man sich als römische Besatzungsmacht in Acht nehmen mußte. Man mußte die Aufständischen möglichst schnell ausmachen und ausmerzen, bevor sie im Verborgenen oder im Schutze der Dunkelheit wieder Anschläge verüben konnten.

Nun hatten sie aber einen Römer erwischt, denn Paulus hatte das römische Bürgerrecht. Das wussten sie nicht. Die römische Militärmacht hatte also eigentlich einen der ihren vor der aufgebrachten Menge gerettet. Das erkannten sie nun langsam. Paulus kannte sich aus mit seinen Rechten. Als römischer Bürger durfte er nicht ohne Anklage und Gerichtsverfahren einfach auf die Streckbank gelegt und gefoltert werden. Mit einem Menschen ohne römischem Bürgerrecht aber war das gang und gäbe.

Paulus mobilisierte in einem Moment höchster Gefahr seine letzten Ressourcen und seinen

Glauben, um sich zu schützen. Er pochte auf sein Bürgerrecht als Römer. Gott mag uns hier und dort durch direktes Eingreifen von anderen Personen oder durch Veränderung der Umstände helfen. Hier besinnt sich aber jemand auf seine Vergangenheit, auf das, was ihm durch die Geburt zusteht und mobilisiert sein Kapital.

Können wir das auch? Hilft uns das auch? Hat der Glaube dieses Plus in einer für uns wichtigen Situation? Ich glaube, dass das fast jeder so macht. Nur manchmal denken wir gar nicht daran. Es fällt uns einfach nicht ein und alles schnürrt sich zu bei uns. Da kann der Glaube helfen wieder einen klaren Kopf zu kriegen.

Lassen Sie mich die Geschichte von einem philippinischen Laienprediger erzählen, der in Manila ganz gut bekannt ist: Bo Sanchez. (Ich mag diesen Prediger sehr.) Pastor Bo erzählte einmal die Geschichte, wie eine Großmutter mit ihrem Enkel am Strand sitzt. Die Sonne scheint. Sie hat ihr Häkelzeug dabei, genießt die Wellen und den Wind und der kleine Junge spielt fröhlich im Sand. Als sie nun so glücklich mit sich selbst und der Welt sich ausruht, kommt plötzlich eine riesige Tsunami-Welle auf sie zu, schwemmt sich vor bis zu ihrem Enkelkind und reißt ihn mit sich ins Meer. Weg. Der Kleine war verschwunden. Die Großmutter steht auf, schwing die Faust in den Himmel und betet: „Gott im Himmel, gibt mir meinen Jungen zurück! Mit aller Macht stemmt sie sich gegen den Himmel und ruft, schreit, ja preßt ihr Gebet zu Gott hinauf. Auf einmal kommt die Tsunami Welle zurück, schwemmt erneut den ganzen Sandstrand entlang....und? Hier ist er! Dort sitzt wieder ihr Enkelkind, genau vor ihrer Nase, naß und kalt durchgespült, aber am Leben. Die Großmutter schaut sich ihren Enkel genau an und prüft ihn mit ihrem misstrauisch-strengen Blick. Dann reckt sie ihre Faust erneut gegen den Himmel und ruft: „Vorher hatte er aber noch einen Hut!"

Die Pointe ist klar: Dankbarkeit ist die ganz große und einmalige Ressource in Zeiten, in denen es uns schlecht geht, wenn uns die Felle wegschwimmen. Einfach einmal zu sagen: Gott, hab Dank für diesen Tag, dass ich zu Essen habe, dass ich atmen kann, dass es Dich gibt. Zählen Sie einmal alles auf, wofür Sie dankbar sein können. Vielleicht läuft in Ihrem Leben nicht gerade alles rund. Vielleicht sind Sie von tiefem Gram durchzogen wegen einer Ungerechtigkeit in ihrem Leben. Aber zählen sie doch einmal alles auf, was es auf ihrer Habenseite gibt. Machen sie eine Liste, wofür Sie alles dankbar sein können. Dann müßten Sie eine ganze Reihe von Dingen zusammenbekommen. Schauen Sie sich die Liste dann in Ruhe an und Sie werden erkennen, wie reich beschenkt Sie sind inmitten aller Unwägbarkeiten, inmitten Ihres persönlichen Disasters - reich!

Für mich tauchen auf dieser Liste auch immer wieder ein paar Freunde auf. Oder es geschieht, dass sie sich selber melden und mich wieder auf ganz andere Gedanken bringen, gerade wenn das mit der Liste nicht so klappen will. Das ist natürlich ein Geschenk Gottes.

Noch ein Tipp: Wenn Sie sich darin üben, sich auf die Habenseite zu konzentrieren, halten sie sich von Menschen fern, die immer alles nur schlecht reden oder ins Negative ziehen. Das ist sehr einfach. Der Kritikgeist ist kein Meister, sondern ein Dilettant, der es eben oft nicht besser weiß, sondern meist von Neid und Eifersucht erfüllt ist. Wir denken, dass Menschen, die Kritik üben können, irgendwie schlau sind. Sie wissen es besser. Aber nicht in jeder Situation ist Kritik angesagt.

Pastor Bo hat dafür auch noch eine kleine Anekdote parat: Zwei Männer laufen am Strand. Sie kennen sich nur flüchtig. Sie kommen ins Gespräch und der eine Mann fängt stolz an über seinen Hund zu erzählen. Das sei ein einzigartiges Tier. Er sagt: „Schauen sie einmal, was er alles kann!" Dann nimmt er ein

Stück Holz, wirft es aufs Meer hinaus und befiehlt dem Hund: „Komm, fang!" Der Hund läuft auf das Meer zu, und läuft AUF DEM WASSER zu dem Holzstück und holt es.

„Na", sagt der Mann zu seinem Nachbarn, „Was meinen sie jetzt? Ist das nicht klasse?" Antwortet der andere Mann: „Ja, was denn? Er kann ja nicht schwimmen!"

Es gibt immer wieder Menschen, denen Gutes nicht gut genug ist. Auch ein besonderes Erlebnis reden sie klein. Andere sehen in allem das Wirken Gottes und seine wundersame Hand, im Abendhimmel, unter dem Gesang der Vögel und im Flug der Schwalben. Dankbarkeit für das, was auf unserer Haben-Seite steht, macht uns zu Menschen, die sich bewußt sind, wie reich sie sind. Glücklich zu sein ist eine Einstellung von ihnen, eine Fähigkeit, das Gute und das Wunderbare in der Welt zu sehen, neben anderen Dingen, an denen es eben mangelt.

Die alten Hebräer kannten die Macht der Dankbarkeit und wussten, dass man sich auch mit dem Wort Gottes darin einstimmen kann, dass es in Gottes Absicht liegt, seinen inneren Blick vor allem auf ihn zu richten. So werden wir dankbar und reich. Der Psalmendichter z. B. des 136. Psalms wußte um diese Zusammenhänge. Vielleicht war es ein Psalm, der auch in der Gemeinde oder im Gottesdienst entstanden ist. Er wird von einem Ostinato getragen, das besagt: „Denn seine Güte währet ewiglich." (Psalm 136, 2b) Alle 26 Verse dieses Psalms werden mit diesem Gebetsruf beantwortet. Am Schluss weiß man, dass Gottes Güte wirklich ewiglich ist, nachdem man es 26-mal wiederholt hat. Aber nicht nur das. Es ist auch bis zu unserem Unterbewußtsein durchgedrungen. Das Wort Gottes wird dann unser Leben weit machen und entfalten helfen, wenn es zu unserer Haltung, wenn es zu unserem Wesen geworden ist, dankbar zu sein. Deshalb macht Religion Sinn. Sie ist keine Manipulation, sondern eine

Einstimmung auf das Wesentliche, das uns sonst im Alltag entfallen würde. So aber bleiben wir in Gottes Wort.

In Paulus sehe ich diese Wirklichkeit sich entfalten. In der Notlage aktualisiert er seine Ressourcen. Er spielt aus, was ihm Gott in die Wiege gelegt hat: sein römisches Bürgerrecht und seinen Glauben. Die Römer sind davon beeindruckt. Er war also ein römischer Bürger. O.k., dann müssen wir das noch einmal anders machen.

Sie müssen sich heute entscheiden, welche Wirklichkeit ihr Leben bestimmen soll: Die Wirklichkeit ihrer Probleme? Oder die Wirklichkeit der Liebe Gottes? Welche dieser beiden Wirklichkeiten ist stärker und mächtiger? Welcher geben sie mehr Gewicht? Wenn sie dem mehr Gewicht geben, was es nicht verdient, machen sie aus Gott einen Lückenbüsser, einen, der abseits stehen muss und der nicht eigentlich für ihre Anliegen zuständig ist. Christus ist aber nicht nur Herr der Religion, sondern Herr des Lebens, Bewahrer und Hüter, der Hirte unserer Seelen.

4 Mit dem Anfang beginnen

Wie ist wohl alles entstanden? Die Welt, die Menschen, Gott, das All. Auf den ersten Seiten der Bibel wird in einem Schöpfungsbericht erzählt, wie durch das Wort Gottes das Leben und alles, was existiert, geschaffen wurde. Auch der Evangelist Johannes erzählt uns vom Anfang und von der Schöpfung, wie alles geworden ist, als wolle er die grosse Klammer, die sich um die Bibel schließt, noch einmal neu setzen, einen neuen Anfang machen, noch einmal ganz von vorne beginnen. Aber die beiden Berichte von der Schöpfung unterscheiden sich in vielem. Diese Unterschiede und deren Mißverständnisse in der Kirchengeschichte sind für unsere heutige Zeit von entscheidender Bedeutung. Aus der ersten Schöpfungsgeschichte hat man herausgelesen, dass der Mensch die Krone der Schöpfung sei und dass er sich die Welt

„untertan" machen sollte. In der Folge tat sich ein grosser Graben zwischen dem Menschen und der Schöpfung auf. Man wähnte das Schicksal des Menschen ausserhalb und im Gegenüber zur Natur. Heute müssen wir diese Lesart korrigieren. Der Prolog, das Vorwort zum Johannesevangelium, hilft uns dabei. Das alte Verständnis vom Menschen als Krone der Schöpfung gab ihm alle Macht und Legitimität, die Natur auszubeuten, sich selbst als Eroberer der Welt zu verstehen und die Natur, als Schöpfung zu betrachten, führte dazu, sie als Objekt zu betrachten. Eine konzentrierte Lesart schon der ersten Schöpfungsgeschichte hätte aber hier Fragezeichen aufkommen lassen sollen. Doch hat uns Menschen wohl diese Königsstellung so sehr gefallen, als dass wir sie freiwillig hätten aufgeben wollen. Aber schon im Alten Testament ist der Mensch auch ein Teil von Gottes guter Schöpfung und unter ihre Schöpfungswerke zu zählen. Er selbst gehört zu ihr. Die Krone der Schöpfung in sieben Tag war und ist in der priesterlichen Erzählung aber nicht der Mensch, sondern der Sabbath, dass Innehalten, das Stillwerden vor Gott, die Ruhe Gottes.

Mit dem Lockdown in der Coronakrise habe ich manchmal den Gedanken, dass wir nun einmal tüchtig Zeit haben, sehr viele Sabbat-Zeiten, sehr viele stille Momente nachzuholen, auszuruhen und auch unsere Rolle und unsere Verantwortung gegenüber der Schöpfung neu zu überdenken.

Um den Flughafen Zürich war es damals still geworden. Der Verkehr hatte abgenommen. Die Trams waren oftmals einfach nur leer. Es hieß Stille, Verzicht und Pause, Ausruhen. Ist das nicht ein Sabbat? Man konnte dann selbst in der Nähe der Start- und Landebahnen die Vögel im Frühjahr wieder singen hören. Aber das Nachdenken über die Schöpfung und unsere Stellung als Mensch in ihr begann und beginnt immer wieder auf ganz verschiedenen Ebenen. Wir sehen es an den Naturvölkern und deren Kulturen, wie sie sich ganz selbstverständlich als Teil der Natur verstehen. Wir wähnten uns ihnen überlegen. Heute halten wir sie nicht mehr für primitiv, sondern oftmals sind sie uns in ihrem Denken voraus. Es scheint so, als sei uns durch unser wissenschaftliches Denken und die Aufklärung nicht nur ein enormer Wissenszuwachs zuteil geworden, sondern auch eine entscheidende Dimension des Lebens verloren gegangen, die es jetzt wieder gilt aufzuholen.

Was wäre eine Welt ohne den Gesang der Vögel und ohne den Duft der Blumen, ohne die Abendsonne, wenn sie sich langsam hinter dem Berg vom Tag verabschiedet und Menschen und Tieren „Gute Nacht" zu sagen versucht?

Der Evangelist Johannes geht aber noch hinter den Beginn der Schöpfung zurück. Es sieht in dieser Zeit Gott und das Wort beieinander in Gemeinschaft und in Bezug auf ihre Identität eng miteinander verwoben. Sie sind voneinander geschieden und doch auch miteinander identisch. Das Wort Gottes aber ist der Christus, von dem dann später gesagt wird, dass er Fleisch geworden sei. Das Wort war Schöpfungsmittler, war Instrument Gottes, war seine Weisheit, sein Einfluß, seine Macht und Stärke, sein Abdruck auf die Welt. Das erkannten viele Menschen, ja, alle leben ja von dieser Macht und Stärke, von dem Leben und dem Licht, das der Christus ist. Sie leben von ihm und in ihm und durch ihn, aber diese Erkenntnis will sich nicht überall durchsetzen. Auch in der Schöpfungsgeschichte des Johannes kommt es zu einer Krise, in die ebenfalls der Mensch involviert ist. Denn wir haben das Lebensprinzip lange Zeit ignoriert und ignorieren es noch heute. Wir sehen, wie wir als Menschheit leben und versuchen das Leben zu reproduzieren, aber wir leben in der falschen Richtung; anstatt dem Leben entgegenzueilen, verfehlen wir die Fülle dessen, was uns zugedacht ist. Vielfach liegt in uns ein Hang zur Destruktion, zum Verderben, ein Hang, durch unseren Willen zum Leben dem Leben selbst und uns im Wege zu stehen.

Wir suchen das Leben, aber indem wir es suchen, bereiten wir uns und anderen den Tod. Wir bemühen, uns den Hunger zu stillen, aber unser Erfolg ist die Überernährung oder Falschernährung und der Missbrauch von Lebensmitteln. Wir versuchen unseren Durst zu stillen, antworten aber auf unsere Bedürfnisse auf unbedachte Weise. Unseren Körper versorgen wir mit zu viel Zucker und Salz, obwohl er doch nach Mineralien und Vitaminen fragt, wir verderben unsere inneren Organe, richten uns selbst zugrunde bei dem Versuch, uns aufzurichten. Was ist nur mit uns Menschen los? Wir versuchen mit Handel und Gewerbe Wohlstand zu erhalten und produzieren ein Wirtschaftssystem, das die einen immer ärmer werden lässt und die anderen nur reicher macht. Und dann sagen wir auch noch: „Ja, sollen sie es doch selbst so machen wie wir!"

Der Mensch will zum Licht und knipst dabei selbst die Leuchte aus, die ihm den Weg zeigen könnte. Haben wir wirklich schon verstanden, wer dieser Christus ist?

Im Vorwort des Johannesevangeliums ist der Mensch keinesfalls mehr im Mittelpunkt. Es ist das Wort Gottes, der Logos, die Weisheit Gottes, die ganz im Zentrum der entfalteten Gedanken steht. Der Mensch ist hier vielmehr Teil eines grossen Ganzen und nicht Zielpunkt einer Entwicklung. Aber Johannes erzählt nicht nur von der Bedeutung des Wortes Gottes, des Christus, für die Welt und deren Entstehung, sondern er geht noch auf Zeiten vor der Schöpfung zurück und fragt danach, in welchem Zusammenhang Gott und das Wort stehen.

Es liegt ihm daran festzuhalten, wer dieser Christus ist, dem die Menschen dann später begegnet sind. Johannes will schon hier vorbereiten und sagen, dieser war Mensch und Gott. Dieser war und ist das lebendige Wort Gottes. Mit ihm und durch ihn ist alles geworden. Jesus war wahrer Mensch und wahrer Gott. Am Anfang nimmt Johannes schon das Bekenntnis des Thomas vorweg, das ganz am Ende alles abrunden soll, des Thomas, der aus der persönlichen Erfahrung bekennt: „Mein Herr und mein Gott!"

Gibt es denn eine Rettung für den Menschen? Eindeutig. Aber sie besteht nicht in einer Möglichkeit, die er aus sich selbst gewinnen könnte. Sie liegt gerade in diesem Einen, in Christus, der vom Vater kam und in der Welt die Gestalt eines Menschen annahm, Mensch wurde. Kraft seiner Menschlichkeit ist Christus uns nahe. Kraft seiner Göttlichkeit kann er uns helfen, hat er Macht, die ihm vom Vater gegeben ist.

Um das zu wissen, braucht es wiederum einen Menschen. Denn die Rettung besteht in einer Annahme. Auch das ist nicht die Möglichkeit des Menschen, sondern allein eine durch Gott gewirkte Möglichkeit der Wahl, die in aller Freiheit geschieht. Dass uns das gesagt werden musste und immer wieder gesagt werden muss, dazu braucht es einen Menschen, wie es hier und dort immer wieder Menschen braucht, die auf Christus hinweisen. Deshalb ist es so wichtig, dass wir verstehen, wie Johannes der Täufer seinen Zeugendienst vor Christus ausübt, aber nicht selbst das Licht ist, sondern nur von jenem Licht erzählt. Deshalb ist es so wichtig, dass wir selbst Zeugen werden, Wegweiser, Hinweisschilder, um auf das Licht hinzuweisen. Auch wir selbst sind niemals das Licht und brauchen uns auch keine Gedanken zu machen, wie perfekt oder glorreich oder auch stammelnd oder unbeholfen unser Zeugendienst und schlichtweg auch unser ganzes Leben ist und sein kann. Das braucht es alles nicht. Wohl gab und gibt es große Frauen und Männer, aber gemessen an dem Licht, das Christus ist, sind sie kein Licht wie er. Sie sind eher wie der Mond, der das Licht des Christus reflektiert, es aufnimmt und dann wieder von sich gibt. So braucht und wird kein Mensch perfekt sein, kein Pfarrer, kein Missionar, kein Christenmensch wird glücklicherweise jemals so ein Licht sein, dass man ihn oder sie mit dem Licht, das der Christus ist, vergleichen könnte. Kein Bonhoeffer, keine Mutter Theresa, kein Martin Luther King hatte jemals diese reine Strahlkraft, ja, sie sind alle höchstens Reflektoren des einen Lichts, das der Christus ist, sind niemals mehr als nur Mond, niemals die Sonne selbst.

Ohne diese Hinweisschilder kommen die Menschen aber nicht aus der Dunkelheit. Niemand kann es sich durch eigenes Nachdenken oder Austüfteln selbst erarbeiten. Es muß einem gesagt werden, weil die Botschaft so unfassbar ist. Anzunehmen gilt es ein Mysterium, ein Geheimnis, etwas, dass wir nicht und nie ganz verstehen, etwas, das uns hält, nicht etwas, über das wir ganz verfügen könnten. Es ist nicht so wie mit einem Vertrag, in dem wir alles lesen und verstehen könnten, auch das Kleingedruckte, um es dann zu akzeptieren und anzunehmen. Es ist auch nicht so wie eine Mitteilung vom Finanzamt, dass wir ihnen wieder einmal etwas schuldig sein würden, oder wie bei einer Buße vom Strassenverkehrsamt in unserem Briefkasten. Nein, so ist es gänzlich nicht mit der Annahme. Es ist eher so, als wenn wir in einem dunklen Raum die Stimme eines guten Freundes, unserer Mutter oder unseres Vaters hören würden, der uns einfach nur zuruft: „Komm heraus! Komm zu mir!" Wir kennen die Finsternis um uns herum, aber die Liebe der Mutter oder des Vaters ist uns zu wunderbar, als dass wir sagen könnten, warum uns das geschieht. Aber annehmen, auf sie hören, von ihr uns beschenken lassen, sie geniessen, das können wir doch.

Christus ist die von Gott für uns geschaffene Möglichkeit, das brennende Haus zu verlassen, die Rettung anzunehmen, ohne genau zu wissen, wie diese Liebe so unendlich groß und gewaltig sein kann, wie sie so rettend und befreiend werden konnte. Doch gerade deshalb werden wir geführt, sie anzunehmen. So werden wir in einer dunklen Welt zu Kindern Gottes mit dem Licht auf unserem Weg, dem Auferstehungsleben als Gegenwart und Zukunft. So können wir uns die Gotteskindschaft schenken lassen und befreit unseren Weg nach Hause gehen. Wir können das Mysterium der Liebe Gottes annehmen, weil wir die Erfahrung machen, selbst bedingungslos angenommen zu sein.

5 Glücksoptimierung

Eine Million Euro! Haben sie schon einmal im Lotto gewonnen? Nein? Naja, es könnte ja noch kommen. Also stellen sie sich bitte vor, sie haben im Lotto gewonnen und ich gebe ihnen jetzt eine Million Euro auf die Hand. Ich glaube, sie wären doch schon ganz schön glücklich, oder? Das wären wir doch alle. Jetzt stellen sie sich aber bitte vor, ich würde ihnen das Geld wieder nehmen. Sie müssten es wieder loslassen. Das wäre doch sicherlich eine traurige Sache, oder?

Der Bibelvers „Geben ist seliger denn Nehmen" ist zum Grundstock unserer christlichen Überzeugung geworden. Aber ist er überhaupt wahr? Wie ich eben demonstriert habe, ist er doch offensichtlich falsch. Wir wären sicherlich viel glücklicher mit einer Million, als ohne sie. Also stimmt da doch irgendetwas nicht. Meistens verstehen wir den Satz vom Geben in einem allgemeinen Sinn nach dem Motto: Sei nicht so egoistisch! Aber das wäre ja nur ein wenig Moral gepredigt und das hält meist nicht sehr lange. Ausserdem geht es doch hier um mehr, oder? Es geht doch um eine Lebenseinstellung, eine Haltung, einen Glauben?

Nun behaupte ich, dass wir diesen Satz gar nicht verstehen können, wenn wir ihn nur als Moral und nur im Bereich des natürlichen Lebens verstehen. Im Bereich des natürlichen Lebens gilt er zwar auch und ich will nicht behaupten, seine Anwendung sei darin nicht sinnvoll, aber er sagt noch mehr.

Man hat diesen Satz auch schon wissenschaftlich überprüft. Die Fachwelt in der Psychologie gibt heute zu, dass viele entdeckt haben, dass ein Leben für andere, ein Leben, in dem man gibt, sich engagiert, sich einsetzt für andere, eine Methode ist, die glücklich macht. Viele Menschen leben heute bewusst ein bescheidenes Leben, verzichten auf vieles, um sich für andere in ärmeren Ländern zu engagieren. Das funktioniert. Es gibt ein gutes Lebensgefühl. Auch ein Experiment mit Kleinkindern, z. B. an der kanadischen Universität Simon Fraser, hat ergeben, dass Kinder im Alter von unter zwei Jahren glücklicher sind, wenn sie Süssigkeiten anderen Kindern weitergeben, als wenn sie diese von anderen geschenkt bekommen.[4] Nur: Wenn wir geben, damit wir glücklicher werden, ist das dann noch ein wirkliches „Geben"? Geben wir dann nicht wieder, um zu nehmen? Wir geben dann nicht frei heraus aus eigenen Stücken, sondern eigentlich ist es nur eine Art Tauschgeschäft, ein Kauf. Wir kaufen etwas und geben dafür etwas anderes. Jesus sagt aber:

„…..und wer dir das Deine nimmt, von dem fordere es nicht zurück. Und wie ihr wollt, dass euch die Leute tun sollen, so tut ihnen auch! Und wenn ihr liebt, die

---

[4] https://www.psychologie.ch/geben-ist-seliger-denn-nehmen, 25.4.2020.

euch lieben, welchen Dank habt ihr davon? Denn auch die Sünder lieben, die ihnen Liebe erweisen. Und wenn ihr euren Wohltätern wohltut, welchen Dank habt ihr davon? Das tun die Sünder auch." (Luk 6, 30b-33)

Auch die Römer wussten zu geben - aber nach dem Grundsatz „do ut des", „Ich gebe, damit du gibst". Wir kennen dieses Prinzip auch nach dem Grundsatz „manus manum lavat", „eine Hand wäscht die andere"[5]. Die moderne Form dazu ist die klassische „win-win-Situation". Jesus kannte dieses Prinzip. Aber es war nicht seine Sache, weil es nicht selig macht und nicht zu ihm führt. Das Einzige, worauf man bei diesem Prinzip hoffen konnte war, dass man ein gutes Geschäft gemacht hat, dass es sich auszahlen würde, mehr nicht. Aber das Ganze konnte natürlich auch schiefgehen. Aber die Wahrheit, die Christus ist, geht nicht schief. Der tiefere Sinn des Satzes vom „Geben, das glücklicher macht" liegt nicht in seiner Logik, sondern in seiner paradoxen Bedeutung, in

---

[5] https://de.wikipedia.org/wiki/Do_ut_des, 25.4.2020.

dem, wie Christus uns in ihm begegnet. Denn dass dieser Satz von Christus stammt, das betonte Lukas. Er wollte diesen Satz christlich verstanden wissen, von Christus herkommend, auf Christus hinweisend, von ihm her aktualisiert und verwirklicht.

Allerdings müssen wir zugeben, dass die Herkunft des Wortes vom „Geben ist seliger...." nicht eindeutig geklärt ist. Dem geübten Bibelleser wird aufgefallen sein, dass dieser Satz in keinem anderen Evangelium zu finden ist. Dem Inhalt nach finden wir zwar ähnliche Sätze im Alten Testament und in den Evangelien, der Form nach erinnert dieses Wort aber eher an ein Sprichwort aus der Griechischen Literatur. Bei dem griechischen Geschichtsschreiber Thukydides lesen wir: „Es ist angenehmer zu geben als zu nehmen."[6]

---

[6] Jürgen Roloff: Die Apostelgeschichte (NTD Bd. 5), Göttingen, 19.Aufl., 307. Der Satz findet sich in der Geschichte des Peloponnesischen Krieges, geschrieben im 5. Jh. v. Chr. S. a. Alfons Weiser: Die Apostelgeschichte (Bd. II), Würzburg 1985, 580.

Dieser Fund wirft einige sehr wichtige Fragen auf: Handelt es sich hier um die Verwechslung eines Zitats? Oder haben die Christen eine allgemeine Weisheit aus ihrer damaligen Kultur auf Christus bezogen in Erinnerung an sein Leben und Handeln und es gleich uminterpretiert? Wie immer man diese Fragen auch beantwortet, durch die Verwendung dieses Zitats hier in der Apostelgeschichte bekommt es eine besondere christliche Bedeutung.

Auf den ersten Blick scheint das Bibelwort vom Geben als Glücksverheissung ganz und gar nicht in den Zusammenhang zu passen. Aber schauen wir es uns etwas genauer an:

In unserem Abschnitt wird eine Abschiedsszene geschildert. Paulus geht nach Jerusalem. Er wird die Gemeinde in Ephesus nicht mehr wiedersehen. Das weiss er. Er geht, wie er sagt, „gebunden im Heiligen Geist". Er muss tun, was Gott ihm aufträgt. Er gibt seinen Plan, seine Absicht, sich selbst in Gottes Hände. Seine Mission hier in Ephesus ist zu Ende, aber auch in Griechenland und Kleinasien insgesamt. Er weiss das. Er gibt sich selbst Gott hin, nicht berechnend, nicht damit er etwas dafür bekommt. Er weiß aber, dass Leiden und sogar der Tod auf ihn warten. Der Tod aber ist für ihn keine Strafe, nichts Negatives. Paulus war durchdrungen von einer „Todesfreudigkeit",[7] denn sein Leben war Christus und sterben sein Gewinn.

Beim Geben, das glücklicher macht, geht es also um eine Lebens- und Glaubenshaltung, um eine Form der Liebe. Es geht nicht darum, ein Zehntel zu geben mit Blick auf Kompensation und Gewinn; nicht ein Teil von sich selbst sollen wir geben, sondern uns selbst.

Die Abschiedsrede des Paulus hier in Ephesus ähnelt der Abschiedsszene Jesu in den Reden des Johannesevangeliums. Die Gemeinde ist traurig. Allein das gemeinsame Gebet am Abschluss kann sie etwas trösten. Paulus aber

---

[7] Vgl. Otto Dibelius: Die werdende Kirche, Hamburg 1962, 305.

versucht sie am meisten dadurch zu trösten, indem er ihnen ein Vorbild ist. So wie Jesus sich verabschiedet hat und sein Leben für seine Jünger eingesetzt hat, so hat sich auch Paulus für die Gemeinde engagiert und das oft unter Tränen. Er geht, aber er lässt ihnen ein Vermächtnis zurück: Die Glücksformel Jesu.

„Gebt! Das macht glücklicher.“

„Bisher habt ihr das Evangelium empfangen, aber jetzt wird es noch besser werden bei euch. Ihr werdet glücklicher sein, wenn ihr von Empfangenden zu Gebenden werdet, wenn ihr jetzt den Stab übernehmt und selbst das Evangelium an andere austeilt. Ich muss gehen, aber Gottes Geist wird mit euch sein. Dass ihr Abschied nehmt, das könnt ihr nicht von euch selbst aus tun. Tut es aber trotzdem. Gebt euch hin. Gebt euren Schmerz hin. Überlasst mich aber der Gnade Gottes, denn ich gehe hinfort.“

Das können die Jünger nicht so einfach. Sie können es eigentlich gar nicht. Sie können es nur im Glauben. Der christliche Weg ist ein Leben des Gebens, nicht des Nehmens. Dem christlichen Weg als Weg des Lebens entspricht die Feindesliebe. Wir wollen es immer nicht wahrhaben, wir pochen auf unser Recht auf Vergeltung, auf unsere Macht, unsere Rache. Den Streit wollen wir gewinnen, weil wir doch im Recht sind. Wir wollen nicht die Wahrheit sehen, wir lieben die Illusion. Recht wollen wir nur, wenn es uns recht ist.

Auch wollen wir niemanden loslassen, niemanden aufgeben, auch wenn wir es müssen. Wir glauben, dass wir uns an das klammern müssen, was uns glücklich macht - und sei es Gott. Aber unsere Illusionen werden durch die Gnade immer wieder überwunden. Freiwillig aufgeben wollen wir sie trotzdem nicht. Ein Gebet, ein Ritus kann uns helfen zu sagen: „Ich lasse dich gehen, Paulus. Ich lasse dich deinen Weg mit Gott gehen. Mein Glück hängt nicht daran, das zu umklammern, was mir nur geschenkt werden kann. Es liegt vielmehr in Christus, der sich selbst für mich gegeben hat.“

Eine Glücksformel ist das Wort vom Geben, denn es macht uns frei, allein bei dem Wort und unter dem Gebot Jesu zu sein.

6 Der Himmmel „cross"

In Gedanken gehen wir nun an einen Ort des Todes, an einen Ort der Gewalt, der Folter und des Sterbens - nach Golgatha. Das Wort heißt übersetzt „Schädelstätte". Man nannte diesen Ort so, weil er aus der Ferne der Form nach einem menschlichen Schädel glich. Es war ein Ort, ein Hügel, an dem die Römer die Kreuzigungsstrafe ausführten. Man kann sich aber auch gut denken, dass hier wirklich Totenschädel herumlagen - zur Abschreckung. Und dass die Römer nicht wirklich versuchten, diesen Ort aufzuräumen und reinzuhalten, liegt auf der Hand. Denn es war ein Ort des Todes, der Schmerzen, des Leidens und des Fluches.

Es war der Ort, an dem Jesus starb. Es fällt nicht leicht, darüber nachzudenken, diese Schreckenstat zu meditieren. Aber es gibt einen christlichen Feiertag, an dem man sich das besonders vornimmt. Man besinnt sich auf das

Sterben und den Tod von Jesus. Den Tag nennen wir Karfreitag. Er gehört zum Osterfest. Ostern ist das Fest der Auferstehung, das Fest des Lebens. Darum feiern wir es mit Hasen und Eiern, alles Symbole für das Leben. Aber zuerst denken wir daran, wie Jesus gestorben ist.

Man sagte mir manchmal, das Ostern schwer zu verstehen sei. Wie kann ein Mensch vom Tod auferstehen? Aber Karfreitag, das kennen wir. Dass einer den anderen ans Messer liefert, dass er ihn verrät, dass er ihn zu Tode bringt, ja, das kennen wir.

Ich kann nur sagen: Ich verstehe diesen Jesus nicht und was die Leute von ihm sagen. Warum ist er gestorben? Warum hat er seine Freunde allein gelassen? Seine Familie, seine Mutter, seinen Vater? Er war doch die Hoffnung für sein Volk Israels? Er sollte sein Volk doch erretten? Und dann das! Nun hängt er da! Am Kreuz! Er blutet! Schweiß und Tränen überströmt! Sterbend!

Er, der gesagt hat, er wolle allen zu trinken geben, er, der sagte: „Kommt her zu mir alle, die ihr mühselig und beladen seid, ich will euch erquicken." Er, der gesagt hat: „Wer von dem Wasser trinken wird, das ich ihm gebe, wird nie mehr dürsten in Ewigkeit!", der spricht dann am Kreuz als ein letztes seiner Worte: „Ich habe Durst!" Wie passt das zusammen? Ist er gescheitert? Ist er verloren? Hat er sich aufgegeben? Hätte er nicht wenigstens fliehen können? Wie soll er jetzt uns das Heil zu trinken geben?

Jesus betet am Kreuz. Sein letztes Wort vom Durst hat er nicht so einfach gesprochen. Es war ein Satz aus dem Buch der Psalmen. Jesus betet am Kreuz, spricht in Psalmen, stirbt als Jude mit Worten aus der Thora in seinem Mund, dem Alten Testament, dem Heiligen Buch Israels. Jesus stirbt mit dem Wort Gottes.

Die Bibel sagt uns, alles verlief nach einem festen Plan. Alles musste so geschehen. Aber warum? Ich verstehe es nicht.

Der Prophet Jesaja versucht es uns zu erklären. Lange bevor es geschah, sagte er:

„Fürwahr, er trug unsre Krankheit und lud auf sich unsre Schmerzen. Wir aber hielten ihn für den, der geplagt und von Gott geschlagen und gemartert wäre. Aber er ist um unsrer Missetat willen verwundet und um unsrer Sünde willen zerschlagen. Die Strafe liegt auf ihm, auf dass wir Frieden hätten und durch seine Wunden sind wir geheilt." (Jesaja 53, 4-5)

In diesem zerschlagenen, zerschundenen Menschen soll unser Heil liegen, in der Niederlage der Sieg, im vergossenen Blut das Leben, im Schmerz das Heil? Wie widersinnig! Was für ein Paradox! In diesem Paradox ist nun unser Heil verborgen. In dieser Widersinnigkeit eine letzte tiefere Bedeutung, die Rettung, unser Heil?

Es ist für uns geschehen, sagt Jesaja. Für Dich und für mich.

In dem letzten Satz, den er ausspricht, sagt er: „Es ist vollbracht!" Das bedeutet, es ist vollendet! Hier ist alles gesagt und getan, was hatte gesagt und getan werden müssen. Es ist alles erreicht! Es ist perfekt!

Was ist hier perfekt? Blut und Schweiss, Verachtung und Spott, Leid und Tod, von seinen Jüngern verlassen zu sein, veraten von seinem besten Freund? Das soll Perfektion sein?

Mit unserem Verstand können wir das Rätsel nicht lösen, mit unserem Intellekt die Brücke zu ihm nicht bauen. Wir können nur auf uns schauen. Aber er hat den Weg schon längst gebahnt, den Weg für uns zu ihm. „Ich bin der Weg und die Wahrheit und das Leben", sagt er.

Ich schaue auf mein Leben, das auch nicht perfekt ist. Meine Fehler, mein Versagen, meine Ungeduld, meine Sehnsucht nach einem besseren Leben, meine Wut über erneutes Unrecht, das alles kann ich zu ihm bringen. Ich kann zu diesem Jesus „ja" sagen und ihm bringen, was mir zu schwer ist. Dieses „für mich" kann ich annehmen. Ich kann das Ungelöste, das Verworrene meiner

Lebensgeschichte, die Steine in meinem Leben, was mir zu schwer ist, mich belastet, was sich nicht lösen lässt, bei ihm ablegen, bei ihm deponieren, und warten und schauen, was dann geschieht…

Ich kann im Gebet, im Geist hineingehen in das Paradox seiner Liebe und seines Leidens um unseretwillen. Ich kann das Vertrauen wagen, dass er wirklich sein Leben für mich gegeben hat. Aber es ist eine Entscheidung, zu ihm zu kommen, ihn in Anspruch zu nehmen, ihm die Tür zu öffnen, damit er mein Leben verändern kann.

Hat er nicht gesagt: „Ich bin das Brot des Lebens"? und: „Wer zu mir kommt, den werde ich nicht zurückweisen." „Ich bin der gute Hirte, der sein Leben lässt für die Schafe." „Ich bin ein König und in die Welt gekommen, dass ich von der Wahrheit zeuge."

Sein Leiden und sein Tod, sagt die Bibel, hat die Kraft, die Welt zu verändern und es kann heute und hier bei mir anfangen. Heute kann ich mich dafür entscheiden. Ich kann einen Schritt auf ihn zugehen und sagen: „Ja, mach du, verändere du mein Leben!"

So wie du in der Tiefe des Leidens mit Gott warst, Jesus, so kannst du auch bei mir in allen meinen Fragen mit deiner göttlichen Kraft wirken. Gerade heute können wir der Einladung folgen.

7 Literaturverzeichnis:

BUNYAN, John: Gottesfurcht, Leun, 2. Aufl., 2021.

DIBELIUS, Otto: Die werdende Kirche, Hamburg 1962.

ROLOFF, Jürgen: Die Apostelgeschichte (NTD), Göttingen, 3. Aufl., 2010.

OTTO, Rudolf: Das Heilige, München. 2. Aufl., 1963.

WEISER, Alfons: Die Apostelgeschichte (Ökumenischer Taschenkommentar zum Neuen Testament), Würzburg 1981.

Internetseiten:

https://www.psychologie.ch/geben-ist-seliger-denn-nehmen, 25.4.2020.

https://de.wikipedia.org/wiki/Do_ut_des, 25.4.2020.